EMPRESAS QUE SOBRESALEN

La excelencia empresarial a tu alcance

Resumen y análisis
de la obra de Jim Collins

Por Maxime Rahier
Traducido por Laura Bernal Martín

Book Review   en50MINUTOS.es

¿CÓMO CONVERTIRSE EN UNA EMPRESA LÍDER?

Una empresa puede obtener buenos resultados, pero ¿significa eso que es excelente? En el ambiente competitivo actual, ¿acaso lo bueno no encarna exactamente el enemigo de la excelencia, al contrario que el refrán que afirma que lo mejor es enemigo de lo bueno? En efecto, esta parece ser la tesis de Jim Collins, antiguo profesor en Stanford y conferenciante emérito, en su obra *Empresas que sobresalen*, publicada en 2001.

Durante cinco años, el autor y su equipo de investigación intentaron actualizar los mecanismos que permiten lograr un rendimiento excepcional. Para ello, seleccionaron once empresas consideradas excelentes y escogidas por sus resultados bursátiles, muy superiores a los del mercado, y las compararon con sus competidores. El resultado es llamativo: lejos de apoyarse en impactantes estrategias dirigidas por líderes carismáticos dotados de un agudo sentido de la comunicación, el paso a la excelencia se realizó de forma progresiva y con toda discreción, impulsado por líderes discretos pero dotados de una inquebrantable determinación.

He aquí una manera de forjar una visión original y fresca de la excelencia, capaz si es necesario de acabar con los clichés. Pero más que la simple creación de una nueva concepción de la excelencia, Collins y sus colaboradores logran aislar los criterios que te permitirán determinar si tu propia empresa destaca. En el caso contrario, te permite descubrir qué te queda por conseguir para que lo haga.

- **¿Edición de referencia?** Collins, Jim. 2006. *Empresas que sobresalen: por qué unas sí pueden mejorar la rentabilidad y otras no.* Barcelona: Ediciones Gestión 2000.
- **¿Primera edición?** En 2001, bajo el título original *Good to Great. Why Some Companies Make the Leap... and Others Don't.*
- **¿Autor?** James C. Collins (antiguo profesor de la Universidad de Stanford, autor, conferenciante, consultor y fundador de su propio laboratorio de investigación en gestión, nacido en 1958 en Boulder, Colorado, en Estados Unidos).
- **¿Contexto y ámbito?** A partir de un análisis histórico comparativo, la obra enuncia los principios fundamentales que permiten a prácticamente cualquier empresa mejorar sus resultados y acceder a la excelencia.
- **¿Palabras clave?**
  - <u>Gestión</u>: implementación en el seno de una empresa de los medios humanos y materiales disponibles a fin de alcanzar los objetivos que esta se ha fijado.
  - <u>Liderazgo</u>: influencia que un individuo puede tener sobre un grupo.
  - <u>Estrategia</u>: conjunto de acciones coordinadas con la intención de alcanzar un objetivo concreto.
  - <u>Cultura de empresa</u>: conjunto de elementos determinados —reglas, valores, creencias,

ritos, etc.— que permiten explicar el funcionamiento interno de una organización.

CONTEXTO

James C. Collins, conocido como Jim, nace el 25 de enero de 1958 en Boulder, Colorado. Después de estudiar Matemáticas en Stanford y de obtener un Máster en Administración y Dirección de Empresas, trabaja durante dieciocho meses como consultor para McKinsey, y más tarde como *product manager* para Hewlett-Packard.

En 1980 se casa con Joanne Ernst, triatleta y futura vencedora en febrero de 1985 del Ironman de Hawai, una carrera multidisciplinaria que consta de 3,8 km de natación, 180,2 km de ciclismo y 42,195 km de carrera a pie.

Después comienza su carrera académica y da clases en la Facultad de Economía de Stanford, donde recibe el título de profesor del año en 1992. En 1995 crea en Boulder su propio centro de investigación en gestión, especializado en investigaciones de envergadura tanto para el sector privado como para el público. De esta manera, Jim Collins colabora con empresas como la CNN, además de con organismos como la Escuela de Medicina Johns Hopkins, la liga femenina de los scouts o incluso el Cuerpo de Marines de Estados Unidos.

Jim Collins es autor de varios superventas traducidos a decenas de lenguas, como *Empresas que perduran* (publicada en 1994), *Empresas que caen y por qué otras sobreviven* (publicada en 2010) o *Great by choice* (*Empresas que eligen la excelencia*, publicada en 2011 y no traducida al español). Por su parte, *Empresas que sobresalen* ha vendido más de cuatro millones de ejemplares (y sigue vendiendo unos 300 000 ejemplares anuales), se ha traducido a 32 lenguas y ha figurado durante varios meses en la lista de mejores ventas del *New York Times*, del *Wall Street Journal* y del *Business Week*.

CONTEXTO Y ÁMBITO

A Jim Collins se le ocurrió escribir *Empresas que sobresalen* durante una cena. El autor ha ido a presentar su obra precedente, *Empresas que perduran*, en la que intenta identificar las causas de la longevidad de una empresa con ayuda de su mentor Jerry I. Porras, cuando es interpelado por Bill Meehan, director general de la filial de McKinsey en San Francisco, que le dice: «Sabes, Jim, aquí nos gusta mucho *Built to last* [*Empresas que perduran*]. Tu colaborador y tú hicisteis un buen trabajo de investigación y redacción. Pero lamentablemente, no ha servido de nada» (Collins 2006, 15). Intrigado, Collins le pide que se explique. «Las compañías sobre las que escribís, en su mayor parte, han sido siempre magníficas [...] Nunca han tenido que pasar por ningún tipo de transformación. [...] Pero, ¿qué pasa con la inmensa mayoría de compañías que se despiertan a la mitad de su vida y se dan cuenta de que son buenas, pero no magníficas?» (Collins 2006, 16). A partir de este momento, Collins solo tendrá una obsesión: determinar si una buena empresa puede acceder a la excelencia y, si la respuesta es afirmativa, descubrir cómo.

Con todo, el concepto de excelencia no es nuevo en la época: «La noción de excelencia hace su gran entrada en el entorno empresarial a principios de los años ochenta, en un contexto de crisis económica y de preocupaciones con respecto al rendimiento de Japón»[1] (Heller 2007, 42).

---

1. Cita traducida por 50Minutos.es

La publicación en 1981 del libro de Tom Peters (nacido en 1942) y Robert Waterman (nacido en 1936), *En busca de la excelencia*, uno de los libros de empresa mejor vendidos, contribuirá a propagar este nuevo vocabulario. Desde este momento, en efecto, el concepto se extiende por el mundo empresarial, donde se convierte en el objetivo último que hay que alcanzar, y a continuación se infiltra en el ámbito cultural, donde adquiere un estatus de cuestión de sociedad y se transmite a través de numerosas publicaciones en revistas de prensa. De esta forma, desde finales de los años ochenta es casi imposible escapar de la exigencia de excelencia.

¿Cuál es el motivo de tal éxito? La evolución contemporánea de la empresa, «la empresa ocupa hoy el puesto que la escuela y la Iglesia detentaran en el pasado como transmisoras de unos determinados valores a la sociedad. De ella dimana un modelo de comportamiento y una manera de ser y de vivir articuladas sobre unos valores de acción, éxito, conquista... y excelencia» (Aubert y Gaulejac 1993, 60). En particular, continúan, los principios de la excelencia «son [...] pilares básicos para el funcionamiento interno de las sociedades que [...] empuja [a los individuos] a "ser los mejores", a "hacer cada día mejor nuestro trabajo", por supuesto mejor que sus competidores, pero, sobre todo, mejor que "ellos mismos"» (Aubert y Gaulejac 1993, 94-95).

Estos principios, en un primer momento reducidos al mundo empresarial, van a extenderse progresivamente a las actividades no comerciales. Y es así como en 1987, Ronald Reagan (40.° presidente de Estados Unidos, 1911-2004) instaura en su país el Premio Nacional a la Calidad Malcolm Baldrige (nombre del secretario de Estado de Comercio de la época), destinado a estimular la «Business Excellence» en el comercio, la sanidad y la educación, así como en las organizaciones sin ánimo de lucro que lo deseen.

EMPRESAS QUE SOBRESALEN

RESUMEN

La excelencia como objetivo

Al acometer la redacción de *Empresas que sobresalen*, Jim Collins se fija un objetivo: extraer los principios fundamentales que le permiten a prácticamente cualquier empresa pasar de ser buena a ser excelente. Para ello, emprende una reflexión que ya se plantea en *Empresas que perduran*, que presentaba en 1994 la forma de garantizarle a una empresa excelente un estatus duradero. Como él mismo explica en su nueva obra, esta no debe percibirse como una continuación lógica de la anterior, sino más bien como su prerrequisito (Collins 2006, 30).

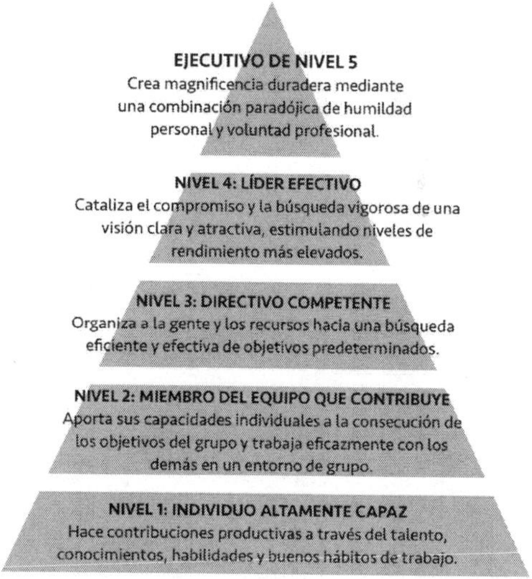

El análisis histórico comparativo como metodología

Para lograr enunciar los principios fundamentales de la conversión a la excelencia, Collins se propone comparar empresas consideradas excelentes con su competencia, para así ver en qué se distinguen. Más en concreto, de lo que se trata es de proceder en cuatro fases: definir los criterios que desvelan el paso de un rendimiento medio a un rendimiento excelente y aislar las empresas que se encuentren en este caso; definir los criterios de comparación con otras empresas que rinden bien pero que no llegan a la excelencia, y aislar estas empresas; recabar todos los datos posibles sobre todas las empresas seleccionadas; y, por último, sacar conclusiones generales sobre los principios que conducen a la excelencia.

- La primera fase, que el autor denomina **«La investigación»**, implica definir criterios, determinar a qué nos referimos cuando hablamos de empresas que ya eran buenas y que después han pasado a ser excelentes. Finalmente, Collins escoge las empresas que durante un período de quince años hayan obtenido resultados bursátiles que no hayan superado a los del mercado, y que después, durante un segundo período de quince años, hayan obtenido unos resultados bursátiles tres veces superiores a los del mercado. Collins aísla once empresas excelentes de las 1435 que aparecen en la lista de la revista *Fortune*.
- **«¿Comparado con qué?»**: esta es la pregunta central de la segunda fase. Es crucial, porque Collins no solo quiere identificar lo que las empresas excelentes tienen en común, sino también aquello que las distingue de la competencia simplemente buena. Se comparan dos tipos de empresas:
  - empresas de comparación directa, es decir, empresas que tenían en común con las que se consideran excelentes en el mismo sector el hecho de haber contado con los mismos recursos y oportunidades en el momento en el que las primeras comenzaron su

transición hacia la excelencia, pero que no lograron alcanzarla;

- empresas de comparación continua, que consiguieron brevemente cruzar el umbral de la excelencia pero que no lograron mantenerse allí.

- Durante la tercera fase, **«dentro de la caja negra»**, el autor procede a analizar en profundidad todas las empresas seleccionadas (las excelentes, las de comparación directa y continua) mediante la lectura de todo lo que se encuentra disponible sobre ellas y recurriendo también al estudio de toda una serie de parámetros, como la cultura de empresa, la remuneración de los altos cargos, el estilo de gestión, los despidos, la estrategia, etc.

- Finalmente, durante la última etapa, Collins pasa **«del caos al concepto»** y se dedica a formalizar los principios que conducen a la excelencia a partir de un conjunto de datos recopilados a lo largo de la etapa anterior. En este punto, se trata de identificar tanto lo que las empresas excelentes tienen en común como lo que las distingue de la competencia.

¿Qué conclusiones se han sacado tras cinco años de investigación?

Después de cotejar sus intuiciones con los datos recabados durante las investigaciones y las entrevistas exploratorias realizadas, Collins logra elaborar un cuadro de conceptos. Sus conclusiones determinan que el paso del rendimiento a la excelencia tiene lugar a través de un proceso evolutivo (el llamado principio del disco, del que hablaremos más adelante) articulado en torno a tres grandes características: unas personas disciplinadas, un pensamiento disciplinado y una acción disciplinada. Al mismo tiempo, cada una de estas características se organiza alrededor de dos conceptos.

CONCEPTOS CLAVE

La hipótesis defendida por Collins consiste en afirmar que toda empresa puede convertirse en excelente siempre que se respeten escrupulosamente los principios fundamentales explicitados en su obra.

Personas disciplinadas

Esta primera característica de las empresas excelentes agrupa los conceptos de liderazgo de nivel 5 y del «primero quién... luego qué».

- **El liderazgo de nivel 5**: Collins distingue cinco niveles de liderazgo en función de las competencias, aptitudes o rasgos de la personalidad que posee el jefe de empresa.

Fuente: Collins 2006, 36

El líder de nivel 5 se distingue por tanto por tres elementos principales:

- la especial atención que dedica a construir resultados duraderos. Por ejemplo, se preocupa por preparar su sucesión, al contrario que el líder de nivel 4, cuya partida marca el fin de la excelencia (algo de lo que el líder en cuestión se enorgullece a menudo);
- una modestia extrema. El líder de nivel 5 es tranquilo y reservado, lejos de la imagen del visionario que despliega grandes esfuerzos comunicativos. Su éxito se explica por una cierta dosis de suerte y por la calidad de sus trabajadores. En cambio, asume la responsabilidad de los fracasos de su empresa.
- una determinación inquebrantable. Paradójicamente al compararse con esta extrema modestia personal, el líder de nivel 5 alimenta una gran ambición por la empresa y, en consecuencia, está listo para realizar todos los sacrificios necesarios para lograr los objetivos que se ha fijado.

- **«Primero quién... luego qué»**: este concepto remite a la elección de los trabajadores adecuados antes de determinar, todos juntos, el proyecto que se va a realizar. Porque poco importa el proyecto que se persiga: una empresa formada por las personas erróneas nunca alcanzará la excelencia. Por el contrario, si cuenta con los empleados adecuados, la empresa se asegura poder adaptarse a los cambios a los que el mundo está sujeto. Más en concreto, siempre hay que recordar estos principios:
  - ninguna empresa puede aumentar sus ganancias con

rapidez si no recluta a buenos trabajadores que aseguren este crecimiento;
○ cada trabajador debe ocupar el puesto que mejor se adecúe a sus talentos. Por el contrario, si estás seguro de que una persona no ocupa el puesto adecuado, no hay que dudar en buscarle otro o, en su defecto, prescindir de ella;
○ es preferible asignarle a los mejores trabajadores del personal las oportunidades y no los problemas.

Pensamiento disciplinado

El pensamiento disciplinado descansa en la noción de hacer frente a las adversidades y del concepto principal (también conocido como «concepto del erizo»).

- **Hacer frente a las adversidades**: todas las empresas que han alcanzado la excelencia han comenzado por aceptar la realidad. Cuando una empresa demuestra valentía y determina con sinceridad su situación exacta, las decisiones que hay que tomar vienen solas. Pero para lograrlo es necesario crear previamente un clima de confianza, algo que se logra respetando los siguientes principios:
  ○ liderar a través de preguntas más que de respuestas providenciales;
  ○ favorecer un debate honesto y abierto, sin coerciones (ya que si no nadie se atreverá a dar su verdadera opinión);
  ○ analizar la situación real sin reproches;
  ○ crear mecanismos de alerta, concebidos de manera que no se pueda ignorar ninguna información.

- Finalmente, más allá del hecho de no hacerse ilusiones sobre su situación, la clave del concepto radica en lo que Collins llama «paradoja de Stockdale», es decir, que es necesario poder afrontar la realidad, pero siempre con la fe de que las cosas irán mejor.

- **El concepto principal o concepto del erizo**: toda empresa que desee alcanzar la excelencia debe colocar, en la base de su estrategia, un concepto simple y límpido que afirma que su posición de excelencia se sitúa en la intersección de tres círculos, tal y como muestra la siguiente imagen.

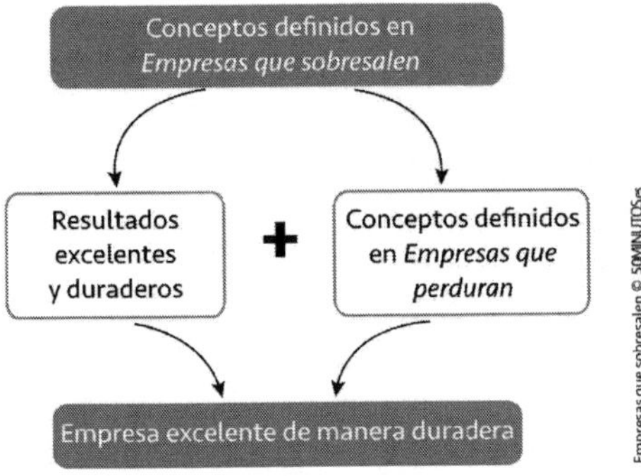

- El término en sí, «concepto del erizo», encuentra su origen en la distinción establecida por el filósofo Isaiah Berlin (1909-1997) entre el zorro y el erizo:

- - el zorro aprehende el mundo en toda su complejidad. Persigue varios objetivos al mismo tiempo y, por tanto, tiende a dispersarse;
  - el erizo, en cambio, simplifica el mundo hasta el punto de resumirlo en un término unificador. Al hacer caso omiso de la complejidad del mundo, reduce todos los desafíos que se le presentan a ideas simples.
- Por último, y en base a este principio, Collins formula una serie de advertencias:
  - el que un sector sea el ámbito predilecto de una empresa, o que esta lleve mucho tiempo en el sector, no significa que tenga garantizado ser la mejor;
  - si una empresa no es la mejor en su actividad principal, esta última no puede situarse en la base de su concepto de erizo;
  - las empresas excelentes no le piden a sus empleados que les apasione lo que hacen, sino que hagan lo que les apasiona.

Acción disciplinada

La acción de la empresa debe apoyarse en una cultura de la disciplina y en aceleradores tecnológicos.

- **Una cultura de la disciplina**: la idea es aliar obligaciones claras y firmes (dejando siempre un margen de maniobra suficientemente amplio a los individuos para que puedan demostrar un espíritu de iniciativa) y autodisciplina por parte de los empleados, contratados por su capacidad para superarse. Una cultura de la disciplina es aún más importante porque resulta indispensable a la hora de convertir lo potencial en una realidad. En efecto, muchas empresas que desean acceder a la excelencia fracasan por falta de disciplina. Para lograr instaurar una cultura de la disciplina, hay que procurar:

- crear una cultura construida en torno a las ideas de libertad y de responsabilidad;
- alimentar esta cultura gracias a un personal autodisciplinado (de ahí la importancia del «primero quién... luego qué»);
- no confundir disciplina con tiranía (esta última, como disciplina impuesta a la fuerza que es, se caracteriza sobre todo por su ineficacia, ya que en cuanto el tirano desaparece, la presión se desploma);
- respetar escrupulosamente el concepto principal o concepto del erizo (por ejemplo, rechazando una oportunidad que no entra dentro de tu actividad principal, pero en la que tienes la capacidad de ser el mejor).

- **Los aceleradores de la tecnología**: la tecnología es un acelerador, y no solo un desencadenante que nos impulsa. La cuestión principal que hay que plantearse consiste en saber si la tecnología se corresponde con el concepto del erizo tal y como acabamos de definirlo, porque para una empresa es imposible emplear adecuadamente una tecnología sin haber determinado con exactitud su pertinencia en relación con su actividad principal. Por lo tanto, es preferible evitar adoptar la última innovación existente solo por miedo a verte superado.

El principio del disco

Si bien la excelencia se articula en torno a tres grandes características —unos empleados, una cultura y una acción disciplinados—, conviene recordar que el paso a la excelencia se compara con un proceso evolutivo: es el principio del disco. Así pues, la realización de transformaciones duraderas dista mucho de ser un cambio espectacular, y se parece más a la acción de hacer rodar un gran disco: el esfuerzo es considerable al principio, pero después, gracias al efecto de una fuerza coherente y continua, se reduce hasta llevarnos exactamente en la dirección y hacia el lugar deseados.

REPERCUSIONES

Una prestigiosa obra que sigue estando de actualidad

Las cifras dejan sin aliento: casi cuatro millones de ejemplares vendidos desde su publicación en 2001, un ritmo constante de 300 000 ventas anuales y traducciones a varias decenas de lenguas. Hay que reconocer que la obra puede contar con una serie de puntos fuertes y de elementos favorables para alcanzar el estatus de libro imprescindible de la gestión, entre los que destacamos:

- una búsqueda de la excelencia que siempre alcanza consenso;
- unas etapas a seguir accesibles para todos (gracias a resúmenes al final de cada capítulo y al hecho de que se necesitan pocos prerrequisitos);
- un estudio serio, minucioso y muy bien documentado e ilustrado gracias a numerosos ejemplos;
- consejos prácticos que todos los mánagers pueden aplicar;
- una visión fresca de las finanzas, con líderes de nivel 5 lejos de la imagen a veces endiablada de Wall Street;
- la presencia de ideas que van a contracorriente de ciertos clichés tradicionales de la gestión.

Jim Collins ofrece un cierto número de consejos a lo largo de los capítulos del libro que, sin llegar a ser siempre revolucionarios, sin lugar a dudas desmontan ideas preconcebidas sobre la gestión. Sin ánimo de ser exhaustivos, podemos destacar:

- la verdadera pregunta que hay que plantearse no es «¿cómo motivar al personal?» sino más bien «¿cómo no desmotivarlo?». En efecto, si hemos contratado al personal adecuado, se motivará solo;
- en cuanto a los individuos, el hecho de ser el mejor está más relacionado con la personalidad y las cualidades intrínsecas que posee cada uno que con sus competencias o su experiencia;
- la lista de cosas que no hay que hacer es más importante que la de las cosas que hay que hacer;
- el 80 % de los líderes de excelencia no hacen que la tecnología figure entre sus cinco principales factores que permiten el acceso a la excelencia.

Algunos matices a pesar de todo

Una de las principales críticas formuladas contra la obra consiste en reprocharle el generalizar peligrosamente, en vista del reducidísimo número de casos planteados (once empresas consideradas excelentes y diecisiete empresas que sirven para la comparación). El riesgo, en efecto, estaría en interpretar simples correlaciones en términos de vínculos de causalidad. Por ejemplo, ¿qué fundamento tiene que una de las condiciones de éxito para lograr la excelencia sea la supuesta humildad observada en los once líderes de nivel 5 durante las entrevistas exploratorias?

Un redactor de la web Business Pundit va más allá al declarar que la noción de liderazgo de nivel 5 es vaga, poniendo como ejemplo la incapacidad de Collins a la hora de afirmar si Jack Welch, director general de General Electric, forma parte de ella o no. En términos generales, en su opinión toda la obra padece un grado de generalidad excesivo (May 2006). Todas las prescripciones formuladas por Collins serían ambiguas y dejarían un margen de interpretación demasiado amplio a lectores deseosos de ponerlas en práctica. La cuestión del «primero quién... luego qué» no haría más que enunciar una evidencia —la necesidad de contratar a personal competente—, pero no llega a precisar la manera de proceder. Para el autor del artículo, el éxito de la obra radicaría sobre todo en el efecto Barnum: cada lector disfrutaría recorriendo las cerca de 250 páginas del estudio de Collins porque los principios genéricos que en él se enuncian están sujetos a interpretación, de manera que todos encontrarían una confirmación de su manera de actuar (por ejemplo, de su forma de contratar).

¿Sabías que...?

El efecto Barnum (también conocido como «efecto Forer» o «falacia de validación personal», según los diferentes investigadores que han teorizado sobre él) explica la existencia de una fuerza subjetiva que incita a cada individuo que se enfrenta a una descripción de personalidad demasiado general a apropiarse de ella como si la hubiera escrito él mismo.

Como si quisieran confirmar estas críticas, muchos autores

señalan que entre estas once empresas supuestamente excelentes algunas experimentaron serios problemas económicos después de la publicación del libro de Collins (consultar los artículos de *The Economist* o de Steven Levitt, citados más abajo). Esto entra en conflicto con el hecho de que el líder de nivel 5 se distingue del de nivel 4 precisamente porque «crea magnificencia duradera» (Collins 2006, 36). Las empresas que sufrieron graves problemas fueron Fannie Mae (Federal National Mortgage Association), que después tuvo que ser rescatada por el Gobierno estadounidense; Circuit City, que se declaró en bancarrota en Estados Unidos en noviembre de 2008; y Nucor, que presentaba un resultado neto de 293 millones de dólares negativos en 2009. Por cierto, cabe decir que estos retrocesos en el rendimiento inspiraron *Cómo caen los poderosos*, publicado por Collins en 2010.

Finalmente, en términos más generales, una serie de investigaciones sobre sociología de la empresa cuestionan la propia noción de excelencia y, por consiguiente, denuncian las publicaciones que hacen apología de la misma. Porque la excelencia tiene un precio para las personas: malestar, angustia y otras «enfermedades de la excelencia», como el síndrome de desgaste profesional o *burnout*, «la enfermedad del agotamiento de los recursos físicos y mentales, que sobreviene tras un esfuerzo desmesurado para alcanzar un fin irrealizable, que uno se había fijado o que los valores de la sociedad habían impuesto» (Aubert y Gaulejac 1993, 143). Los sociólogos también argumentan que ante esta situación es necesario concebir un modelo alternativo que sustituiría una imposición que cada vez pesa más.

PERSPECTIVAS SIMILARES

Una de las principales fuentes de inspiración de la obra de Collins es otro superventas, el de Tom Peters y Robert Waterman, *En busca de la excelencia*. Además del hecho de que contribuye a asentar la legitimidad del concepto de excelencia y que participa en su propagación en el seno del mundo de la empresa, su metodología y el propósito que parece perseguir también se asemejan a *Empresas que sobresalen*. Por una parte, En *busca de la excelencia* se basa en un análisis de las empresas con mejor rendimiento de la época para identificar los factores que llevan a la excelencia y, por otra, logra imponer esta última como el objetivo final de toda actividad productiva. Prueba del parecido entre ambas obras es que se les reprocha lo mismo: como en el caso de Collins, «se ha criticado mucho el hecho de que las empresas que toman como ejemplo Peters y Waterman experimentaran desde la publicación de la obra numerosas dificultades, incluso algunas de ellas habiendo sido compradas por un tercero o declaradas en bancarrota»[2] (Heller 2007, 43).

A pesar de estos parecidos, el libro de Collins se diferencia del de sus predecesores en el sentido en que busca ir más allá en la sistematización de los factores que permiten alcanzar la excelencia. El objetivo de Collins es, sin lugar a dudas, enunciar una manera de proceder precisa, rigurosa, que quiere ser exhaustiva, y alejarse todo lo posible de ideas preconcebidas y de otros clichés sobre la gestión. En cambio,

---

2. Cita traducida por 50Minutos.es

Peters y Waterman se contentaban a menudo con retomar las palabras de Louis Pinto, con «repetir los principios del "sentido común", que no aspiran a la originalidad, pero cuya repetición irregular tendría la virtud de evitar "dormirse en los laureles" y "despertar la energía": "privilegiar la acción -mantenerse a la escucha del cliente- favorecer la autonomía y la innovación [...], etc."»[3] (Pinto 2009, 90). En resumen, no tienen nada de original.

En nombre de esta voluntad de sistematización de los factores que permiten llegar a la excelencia, *Empresas que sobresalen* se acerca sobre todo a modelos de evaluación como el de Baldrige, iniciado en 1987, o el de la Fundación Europea para la Gestión de la Calidad (EFQM, por sus siglas en inglés), creada un año después. Entre los criterios que destaca uno y otro modelo encontramos un cierto número de elementos que retoma Collins. El modelo de la EFQM, por ejemplo, insiste sobre todo en la necesidad de producir un modelo de excelencia duradero (elemento que, en Collins, contribuye a distinguir a los líderes de nivel 5 de los de nivel 4), una gestión lo suficientemente flexible (que reaparece en la cultura de la disciplina de Collins), o incluso en la importancia de apoyarse en el talento de los trabajadores. Sin embargo, ambos son, por encima de todo, modelos destinados a evaluar *a posteriori* el grado de excelencia en función de una ponderación de criterios. Por su parte, el objetivo de Collins consiste en crear un procedimiento.

En definitiva, puede que quien haya ejercido la influencia

---

3. Cita traducida por 50Minutos.es

más determinante en los orígenes y la concepción de *Empresas que sobresalen* no sea otro que Jerry Porras, bajo cuyo mando Jim Collins colaboró en la redacción de *Empresas que perduran*. En efecto, no solo el director general de McKinsey le dio a Collins la idea de redactar una nueva obra durante una cena de presentación de la anterior, sino que los libros de Collins escritos después de esta redacción conjunta siguen siempre la misma metodología —el análisis comparativo histórico— y continúan o completan el análisis iniciado en *Empresas que perduran*.

EN RESUMEN

- Cualquier empresa con un buen rendimiento puede alcanzar la excelencia, respetando escrupulosamente los principios expuestos por Collins.
- Un líder de nivel 5, el único capaz de llevar a su empresa a un funcionamiento ideal, encarna una paradójica combinación de humildad en el ámbito personal y de voluntad en el terreno profesional.
- Primero hay que considerar el «quién» y solo después el «qué». Es decir, lo importante es reclutar a los mejores trabajadores posibles antes de determinar de forma conjunta los proyectos de la empresa.
- El dirigente de la empresa que quiere conseguir la excelencia debe tener la valentía necesaria para evaluar la situación tal y como es, y no tal y como le gustaría que fuera, sin perder la fe de que todo acabará bien.
- Para destacar hay que aplicar el concepto del erizo: hacer lo que más nos apasiona, en un ámbito que pone en marcha el motor económico y en el que podemos ser los mejores.
- La excelencia depende de un entorno en el que se encuentran personas disciplinadas que disponen de la suficiente libertad como para demostrar iniciativa, manteniendo viva de esta forma una cultura de la disciplina en la empresa.
- La tecnología no es en sí misma el desencadenante que permite acceder a la excelencia; no es más que un acelerador.
- El candidato a la excelencia debe hacer suyo el principio

del disco. Tiene que aceptar que el cambio no se realiza de un solo golpe, sino que son necesarios varios años de importantes esfuerzos seguidos de un período de compromiso un poco menos intenso para mantener la dirección tomada.

PARA IR MÁS ALLÁ

FUENTES BIBLIOGRÁFICAS

- Aubert, Nicole y Vincent de Gaulejac. 1991. Le coût de l'excellence. París: Seuil.
- Heller, Thomas. 2007. "Excellence". Quaderni, vol. 63, n.º 1, 41-44. Consultado el 12 de enero de 2017. http://www.persee.fr/web/revues/home/prescript/article/quad_0987-1381_2007_num_63_1_1772
- Kleiner, Art. 2001. "Climbing to Greatness With Jim Collins". Strategy+Business. 1 de octubre. Consultado el 12 de enero de 2017. http://www.strategy-business.com/article/14367?gko=63ad3
- Levitt, Steven. 2008. "From Good to Great… to Below Average". Freakonomics. 28 de julio. Consultado el 12 de enero de 2017. http://freakonomics.com/2008/07/28/from-good-to-great-to-below-average/
- May, Rob. 2006. "Why 'Good to Great' Isn't Very Good". Business Pundit. 31 de enero. Consultado el 12 de enero de 2017. http://www.businesspundit.com/why-good-to-great-isnt-very-good/
- Peters, Thomas J. y Robert H. Waterman. 1983. Le prix de l'excellence. París: InterÉditions.
- Pinto, Louis. 2009. "Excellence, d'excellence". Savoir/Agir, n.º 9, 89-92. Marzo. Consultado el 12 de enero de 2017. http://www.cairn.info/revue-savoir-agir-2009-3-page-89.htm
- The Economist. 2009. "Good to Great to Gone". The Economist. 7 de julio. Consultado el 12 de enero de 2017. http://www.economist.com/node/13980976

FUENTES COMPLEMENTARIAS

- Aubert, Nicole y Vincent de Gualejac. 1993. *El coste de la excelencia*. Buenos Aires: Ediciones Paidós Ibérica. Consultado el 12 de enero de 2017. https://fr.scribd.com/doc/152551875/Gaulejac-El-Costo-de-La-Excelencia
- Carnegie, Dale. 1995. Comment trouver le leader en vous. París: Livre de Poche.
- Collins, Jim. 2006. *Empresas que sobresalen: por qué unas sí pueden mejorar la rentabilidad y otras no*. Barcelona: Ediciones Gestión 2000.
- Collins, Jim y Jerry I. Porras. 1996. Bâties pour durer. Les entreprises visionnaires ont-elles un secret? París: First.
- Collins, Jim y Morten Hansen. 2012. Le choix de l'excellence. París: Pearson.
- Grimard, Dany y José Todd. 2014. Cessez d'être bon, devenez excellent. Brossard: Un Monde Différent.
- Mintzberg, Henry. 1984. Le manager au quotidien. Les dix rôles du cadre. París: Éditions d'Organisation.
- Monroy, Michel. 2000. La violence de l'excellence. Pressions et contraintes. París: Martin Média.
- Peters, Thomas J. 1998. Le chaos management. Pour une nouvelle prospérité de l'entreprise. París: InterÉditions.

Made in the USA
Monee, IL
07 July 2026